サイパー 国語 読解の特訓シリーズ シリーズ三十

文の組み立て特訓
修飾・被修飾専科

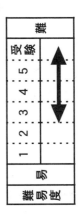

もくじ

「修飾・被修飾専科」について･･････････2
このテキストのつかい方･･････････････3
修飾語1 ────────────── 4
　問題一 ･･････････････････････････ 9
修飾語2 ────────────── 14
　問題二 ･･････････････････････････ 15
　　テスト１ ････････････････････････ 20
被修飾語1 ───────────── 22
　問題三 ･･････････････････････････ 25
被修飾語2 ───────────── 29
　問題四 ･･････････････････････････ 30
　　テスト２ ････････････････････････ 33
呼応 ──────────────── 35
　問題五 ･･････････････････････････ 37
　　テスト３ ････････････････････････ 40
解答 ･･････････････････････････････ 42

M.access　　　　　－1－　　　　修飾・被修飾専科

「文の組み立て特訓　修飾・被修飾専科」について

　「文の組み立て特訓」は、言葉のかかり方（修飾・被修飾の関係）を徹底して学習することで、文意を正確に読み取る力を養い、国語力を向上させることを目的としたテキストです。

　このテキスト「修飾・被修飾専科」は、修飾・被修飾の関係を正確にとらえることを学習するテキストです。ですから主語・述語の関係も修飾・被修飾の関係の一つとして考えて進めていくように作られています。（所有格、目的格などと並んで、主語も、主格という格の一つであるという文法上の考え方があり、それは非常に納得できるものですし、修飾・被修飾の構造を理解するには、まずは主語・述語を特別扱いしない方がよいので、本書では主語・述語も修飾・被修飾の一つとして考えさせるように作りました。主語・述語を良く理解したい方には「サイパー国語シリーズ二十九『主語・述語専科』」をお勧めします。また、主語・述語、修飾・被修飾の関係をあわせて理解したい方には「サイパー国語シリーズ一『文の組み立て特訓』」をお勧め致します。）

　対象は、およそ小学校中学年以上と想定しています。学年によっては、まだ習わない漢字も使われていますが、がんばって覚えながら学習するようにしましょう。

　このテキストは読解力を高める事を第１の目的としたテキストで、文法の学習書ではありません。従って、問題文はおよそ文節で区切ってはいますが、文法上の文節と必ずしも一致するものではありません。

　また「？」は、本来日本語の表記には使わない記号ですが、疑問文であることを明確にするために、本書では使用しています。

　難しいと思われる問題についても、ヒントをあげていただくとよいでしょう。ただしいずれの場合も、子どもに達成感を持たせるために、各問、最後は子どもに答えさせるようなヒントにして下さい。

このテキストのつかい方

このテキスト「文の組み立て特訓　修飾・被修飾専科」は、文の構成を学びながら、読解力を高めるためのテキストです。

同じ方針で作られているテキストにサイペー国語読解の特訓シリーズ「シリーズ一　文の組み立て特訓」「シリーズ十六～十八　新・文の並べかえ特訓」「シリーズ二十九　主語・述語専科」などがあります。そちらも参考にして、学習をすすめましょう。

難しくて解けない問題は、とばしてもかまいません。またお父さんやお母さん、お兄さん、お姉さん、学校の先生などにヒントをもらってもよいでしょう。

ではさっそく始めましょう。楽しみながら解いていって下さい。

■修飾語（しゅうしょくご）と被修飾語（ひしゅうしょくご）

◆修飾語…修飾語とは、他の語を説明したり、意味を補足する語のことです。

例、赤い　花

「赤い」は「花」を修飾（くわしく説明）しています。この場合の「赤い」を修飾語といいます。

例、赤い　大きな　花

ここには「赤い→花」と「大きな→花」の二つの意味がくっついています。したがって、「赤い」も「大きな」も、ともに「花」を修飾する語です。「花」を修飾している語は、ここでは二つあることになります。

例、赤く　大きな　花

これはどうでしょうか。先の例とは、少しちがいますね。

「大きな→花」とは言えるので、「大きな」は「花」を修飾していると言えます。

しかし、「赤く→花」とは言えないので、「赤く」は「花」を修飾している語ではありません。

「赤く」は、どの言葉につながるでしょうか。「赤く→大きな」につながって「赤く→大きな」という関係になっています。つまり「赤く」は「大きな」を修飾している語だと言えます。

例題一

例題一、次の太字の言葉を修飾（くわしく説明）している言葉を書きぬいて答えなさい。

1、白い 雪
2、走っている 犬
3、きれいな 海
4、とても楽しい 話
5、さわやかな 風 がふいている

修飾語を探す場合、頭の中で「どんな？」と考えると、見つけやすいでしょう。

1は「雪」を修飾している語ですね。頭の中で「どんな雪？」と考えます。どんな雪ですか。「白い」雪ですね。答は「白い」です。

2も同じように考えましょう。どんな「犬」ですか。「走っている」犬ですね。答は「走っている」です。

3、どんな「海」ですか。答は「きれいな」です。

4、どんな「話」ですか。「とても→話」ではありませんね。答は「楽しい」です。

5、どんな「風」ですか。答は「さわやかな」です。

例題一の解答
1、白い　2、走っている　3、きれいな
4、楽しい　5、さわやかな

このことからわかるように、**修飾語は、修飾される語より必ず上にあります**。（倒置法を除く）

例題二、次の**太字**の言葉を修飾（くわしく説明）している言葉を、全て書きぬいて答えなさい。

1、白い ふんわりとした **雪**
2、はなやかな 明るい **色**だ
3、さわやかで 楽しい **人**ですね

1、どんな「雪」ですか。「白い→雪」「ふんわりとした→雪」ですねっ。ですから答は「白い」と「ふんわりとした」の二つです。

2、どんな「色」ですか。「はなやかな→色」「明るい→色」です。答は「はなやかな」「明るい」です。

3、どんな「人」ですか。「さわやかで→人」と言えますか。言えませんねっ。ですから「さわやかで」はまちがいです。「楽しい→人」とはつながりますので、「楽しい」は答です。

例題二の解答
1、白い ふんわりとした　2、はなやかな　明るい
3、楽しい

例題三、次の文の**太字**の言葉を修飾（くわしく説明）している言葉を、全て書きぬいて答えなさい。

1、ぼくは 野性の 動物が **好きだ。**
2、ぼくは 野性の 動物が **好き**だ。
3、ぼくは 野性の **動物**が 好きだ。
4、ぼくは 野性の 動物が **かけまわる** 山を 野を

1、「どう かけまわる？」のかを考えます。

ここで言う「どう」とは、「どんな風に」「どこを（で）」

例題三

「いつ」「だれと」「なにが」など、色々な説明の言葉をふくんでいます。

ここでは「どこを かけまわる」のか？と考えればよろしい。「山を→かけまわる」「野を→かけまわる」と考えられますので、答は「山を」「野を」の二つです。

また「山を→かけまわる」「野を→かけまわる」以外に、「かけまわる」うまくつながる語はありません。「修飾する」では「うけまくつながる語」という風に考えてもお、修飾語は見つかります。「うまくつながる語」を探すことでも、修飾語は見つかります。

２、これも同じように「動物が」を説明している語、「動物が」にうまくつながる語を、考えられるだけ考えます。

Ａ「山を野をかけまわる→動物が」、Ｂ「野性の→動物が」の二つが考えられます。

Ｂについては問題ないでしょう。答は「野性の」です。

Ａについて。「動物が」を修飾しているのは「山を野をかけまわる」という長い言葉です。このうちの、必要な所だけ答えます。

問題文では「山を 野を かけまわる」と分けてあります。「山を→野を→かけまわる→動物が」ですが、「動物が」を直接に修飾（説明）しているのは「かけまわる」の部分です。「山を」「野を」は「かけまわる」の一部分であり、「動物が」を修飾している語ではありません。答は「かけまわる」です。「山を」「野を」とも「動物が→好きだ」ともつながっていません。Ａの方は「かけまわる→動物が」と考えられ、「山を→動物が（→好きだ）」とも「野を→動物が（→好きだ）」ともなりませんのでです。

修飾・被修飾専科

例題三

3、同じように考えると、「好きだ」につながる語は「動物が」です。答は「動物が」です。(「動物が」は「主語」ですが、「~は」ではありません。)

4、「好きだ」を修飾している語は、「3」と同じく「動物が」が一つあります。さらにここでは「ぼくは」も「好きだ」につながります(「ぼくは→好きだ」)。

　ここで「ぼくは→好きだ」は、特に**「主語→述語」**の関係と言います。(サイパー国語読解の特訓シリーズ三十九「文の組み立て特訓　主語・述語専科」参照)

　本書では「主語」も「述語」を修飾する言葉の一つと考え、「主語→述語」の関係も「修飾→被修飾」の関係の一つと見なす。ことをして進めてゆきますので、ここでは「ぼくは」にも「好きだ」を修飾する語の一つとして考えて下さい。(とにかく、直接つながる語は、修飾語だと考えてよろしい。)

例題三の解答
1、野を　(２つ)
　　野性の　(２つ)
2、山を　わける　(１つ)
　　動物が　(２つ)
3、動物が
4、ぼくは
　　動物が

問題一、1〜8　　　　　　　　　　　　年　月　日

問題一、次の文の**太字**の言葉を修飾（くわしく説明）している言葉を、全て書きぬいて答えなさい。

1、とても　楽しい　**一日だった**。

2、とても　**楽しい**　一日だった。

3、犬が　大きな　**声で**　ほえている。

4、真っ赤な　**太陽が**　輝いている。

5、小さな　**子どもが**　走っている。

6、父の　大きな　**くつを**　はいてみた。

7、冷たい　強い　**風が**　ふいています。

8、冷たく　強い　**風が**　ふいています。

問題1、9〜17　　　　　　　　　　年　月　日

9、冷たく**強い**風がふいています。

10、わがままでもがんぼうの**弟が**さわいでいる。

11、わがままなもがんぼうの**弟が**さわいでいる。

12、日本で一番**大きな**琵琶湖だ。

13、日本で一番大きな**琵琶湖だ**。

14、そちらの白い**いすに**すわりますか。

15、町子の**住む**都会ははなやかだ。

16、町子の住む**都会は**はなやかだ。

17、たくさんの友だちがいるので**悲しくない**。

問題一、18〜26　　　　　　　　　　　　　　　年　月　日

18、たくさんの　友だちが　**いるので**　悲しくない。

19、たくさんの　**友だちが**　いるので　悲しくない。

20、忘れてしまったが、はかなくも　かなしい　**夢だった**。

21、忘れてしまったが、はかなくも　**かなしい**　夢だった。

22、そんなに　**早く**　起きなかった。

23、そんなに　早く　**起きなかった**。

24、君の　言った　**言葉は**　もっと　うそではない。

25、君の　**言った**　言葉は　もっと　うそではない。

26、野に　山に　**咲く**　一輪の　バラが　赤かった。

問題一、27〜35

27、野に 山に 咲く 一輪の **バラが** 赤かった。

28、野に 山に 咲く 一輪の バラが **赤かった**。

29、私は 決して ろうかでは **さわぎません**。

30、赤く 小さな **花が** そっと さいていた。

31、赤く **小さな** 花が そっと さいていた。

32、赤く 小さな 花が そっと **さいていた**。

33、話題の あの **映画を** いつ 見ましたか。

34、話題の あの 映画を いつ **見ましたか**。

35、この 丘から **見える** 町が 私の ふるさとです。

問題１、36〜43

36、この 丘から 見える 町が 私の **ふるさとです**。

37、この 丘から 見える **町が** 私の ふるさとです。

38、この **丘から** 見える 町が 私の ふるさとです。

39、長旅で **疲れた** 足どりは 全く 軽やかでなかった。

40、長旅で 疲れた **足どりは** 全く 軽やかでなかった。

41、長旅で 疲れた 足どりは 全く **軽やかでなかった**。

42、私の 焼いた **パンが** 全然 おいしくありませんでした。

43、私の 焼いた パンが 全然 **おいしくありませんでした**。

修飾語２　例題四　　　　　　　　　　　　　　年　月　日

例題四、次の**太字**の言葉を修飾（くわしく説明）している言葉を、全て書きぬいて答えなさい。ない場合は×をつけなさい。

２１、赤い　花が　美しく　**咲いた**。
２２、赤い　花が　**美しく**　咲いた。

２１、「何が　どう　咲いた？」と考えるとよろしい。答は「花が」と「美しく」の二つです。

２２、「どう　美しく？」と考えましょう。「どう　美しく？」ですか。「どう？」にあたる言葉はありますか？ありませんね。ですから「美しく」を修飾している語は、ありません。

全ての修飾関係を図に表すと、次のようになります。

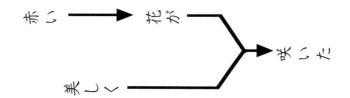

「赤い」を修飾している語　　なし
「花が」を修飾している語　　「赤い」
「美しく」を修飾している語　なし
「咲いた」を修飾している語　「花が」「美しく」

（この修飾の図の文の組み立てに関しては「サイパー国語読解の特訓シリーズ一文の組み立て特訓」を参照して下さい）

例題四の解答
２１、花が　美しく
２２、×

問題三、1〜8　　　　　　　　　　　年　月　日

問題三、次の文の**太字**の言葉を修飾（くわしく説明）している言葉を、全て書きぬいて答えなさい。ない場合は×をつけなさい。

1、私は　この　**小学校**　第十期の　卒業生です。

2、私は　この　小学校　第十期の　**卒業生です**。

3、**私は**　この　小学校　第十期の　卒業生です。

4、この　静かな　時間が　私の　ささやかな　**幸せです**。

5、この　静かな　時間が　**私の**　ささやかな　幸せです。

6、この　静かな　**時間が**　私の　ささやかな　幸せです。

7、**全ての**　人に　とって　大切なのは　努力です。

8、全ての　**人に**　とって　大切なのは　努力です。

問題三、9〜17

9、全ての 人に とって 大切なのは 努力です。

10、全ての 人に とって **大切なのは** 努力です。

11、全ての 人に とって 大切なのは **努力です**。

12、まりこは 次の 夏には 初めて 海で **泳ぐだろう**。

13、まりこは 次の 夏には 初めて **海で** 泳ぐだろう。

14、まりこは 次の 夏には **初めて** 海で 泳ぐだろう。

15、まりこは 次の **夏には** 初めて 海で 泳ぐだろう。

16、まりこは **次の** 夏には 初めて 海で 泳ぐだろう。

17、**まりこは** 次の 夏には 初めて 海で 泳ぐだろう。

問題三、18～26　　　　　　　年　月　日

18、少年が　公園で　熱心に　サッカーを　**していた**。

19、少年が　**公園で**　熱心に　サッカーを　していた。

20、少年が　公園で　熱心に　**サッカーを**　していた。

21、**少年が**　公園で　熱心に　サッカーを　していた。

22、少年が　公園で　**熱心に**　サッカーを　していた。

23、初めての　船旅で　見た　**太平洋は**　とても　広かった。

24、初めての　**船旅で**　見た　太平洋は　とても　広かった。

25、初めての　船旅で　見た　太平洋は　とても　**広かった**。

26、初めての　船旅で　**見た**　太平洋は　とても　広かった。

問題三、27〜35

27、**初めての** 船旅で 見た 太平洋は とても 広かった。

28、初めての 船旅で 見た 太平洋は **とても** 広かった。

29、赤ちゃんの 成長は とても **すこやかだった**。

30、**赤ちゃんの** 成長は とても すこやかだった。

31、赤ちゃんの 成長は **とても** すこやかだった。

32、赤ちゃんの **成長は** とても すこやかだった。

33、ぼくの **友だちは** 一番 優秀だ。

34、ぼくの 友だちは **一番** 優秀だ。

35、ぼくの 友だちは 一番 **優秀だ**。

問題三、36〜43　　　　　年　月　日

36、**美しい** 羽の 蝶が すみれの 花に とまっていた。

37、美しい **羽の** 蝶が すみれの 花に とまっていた。

38、美しい 羽の **蝶が** すみれの 花に とまっていた。

39、美しい 羽の 蝶が **すみれの** 花に とまっていた。

40、美しい 羽の 蝶が すみれの **花に** とまっていた。

41、美しい 羽の 蝶が すみれの 花に **とまっていた。**

42、白く 大きな まん丸の **月が** 東の 空から まさに 出ようと していた。

43、白く 大きな まん丸の 月が 東の 空から **まさに** 出ようと していた。

テスト1 次の文の**太字**の言葉を修飾(くわしく説明)している言葉を、全て書きぬいて答えなさい。ない場合は×をつけなさい。(各10点)

点（合格80点）

1、村の 古い 小さな **神社は** 私の 家の 裏手の 山の 上に たっている。

2、村の 古い 小さな 神社は 私の 家の **裏手の** 山の 上に たっている。

3、村の **古い** 小さな 神社は 私の 家の 裏手の 山の 上に たっている。

4、村の 古い 小さな 神社は **私の** 家の 裏手の 山の 上に たっている。

5、村の 古い 小さな 神社は 私の 家の 裏手の 山の 上に **たっている**。

テスト 6～10　　　　　　　　　　　　　　　　　　　年　月　日

6、本当に私の犬は、いつもうれしそうにちがうおやつをやると**ふる**。

　　　　　　　　　　　　　　　　　　　　　　　

7、本当に私の犬は、いつもうれしそうにちがうおやつを**やると**しっぽをふる。

　　　　　　　　　　　　　　　　　　　　　　　

8、本当に私の**犬は**、いつもうれしそうにちがうおやつをやるとしっぽをふる。

　　　　　　　　　　　　　　　　　　　　　　　

9、本当に私の犬は、いつもうれしそうにちがうおやつをやると**しっぽを**ふる。

　　　　　　　　　　　　　　　　　　　　　　　

10、本当に私の犬は、いつもうれしそうに**ちがう**おやつをやるとしっぽをふる。

被修飾語１　例題五　　　　　　　　　　　年　月　日

◆**被修飾語**…被修飾語とは、他の語によって説明されたり、意味を補足されたりする語のことです。

例題五、次の太字の言葉が修飾（くわしく説明）している言葉を、全て書きぬいて答えなさい。

１、美しく　**咲いた**　花が　一面に　広がっている。

　これまでの問題で問われていたのは「太字の言葉を修飾（くわしく説明）している言葉」でした。しかし今回の問題で問われているのは、「太字の言葉が修飾（くわしく説明）している言葉」です。「太字の言葉がどの言葉を修飾していますか」という問いです。まちがえないようにして下さい。

　「咲いた」が修飾（くわしく説明）している言葉は何でしょうか。頭の中で「咲いた　何？」と考えてみるとわかります。「（美しく）咲いた　何？」ですか。「（美しく）咲いた　花」ですね。ですから答は「花（が）」となります。

　この「花（が）」のように、他の言葉に修飾されている言葉のことを、**被修飾語**と言います。

２、**美しく**　咲いた　花が　一面に　広がっている。

　「美しく　何？」なのでしょうか。ここでは「美しく→咲いた」となりますので、「咲いた」が正答です。

　しかし「美しく→広がっている」としても、うまくつながるようです。

　たしかに「美しく→広がっている」とつながるので、「美し

例題五

「まち」は「広がっている」を修飾していると考えても、必ずしもまちがいではありません。しかし文の前後関係から考えると、「美しく→咲いた」とつながるのが自然です。

でも、もし「美しく→広がっている」という意味で文を書きたいのであれば、

　　咲いた　花が　一面に　**美しく**　広がっている。

と、書くようにすべきです。こうすると、「美しく」が「咲いた」を修飾することはありません（下から上に修飾することはありません）ので、「美しく」の一語（一単語あるいは一文節　以下同じ）に限定されます。「美しく」が修飾している語は「広がっている」のみとなります。

もう一方重要な点というのは、文章を書く人が常に気をつけないといけない、読む人に二つ以上の解釈を許さない（誤解を与えない）書き方です。

ですから、本書では総合的に判断して、例題五の2の文の「美しく」は「咲いた」を修飾するものとします。

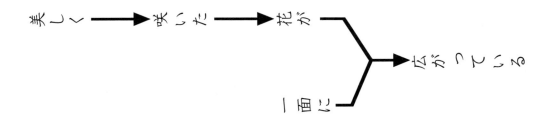

　この図で、例えば「広がっている」を修飾している語は「花が」と「一面に」の二語あります。ところがどの言葉を見て

例題六

も、その語が修飾している語は一語しかありません。

どんな語でも、その語を修飾している語は複数ある場合がありますが、その語が修飾している語は一語しかありません。

例題六 次の太字の言葉が修飾（くわしく説明）している言葉を書きぬいて答えなさい。

1、河原の 赤い **花が** とても 美しい。

「花が→美しい」となりますので、答は「美しい」です。

※この場合、「花が→美しい」は、一般に「主語→述語」の関係とされます。本書では「主語→述語」の関係も「修飾→被修飾」の関係にふくめて考えます。そのことでは「主語→述語」の関係にふくめて考えます。そのことでは「修飾→被修飾」の関係の一つとして、「修飾→被修飾」の関係の特殊なものの一つとして、「修飾→被修飾」の関係の

2、赤い **花が** 美しい 河原を 散歩しよう。

「花が→美しい」となりますので、答は「美しい」です。

※ここでこの文の主語・述語そのものではありません。「花が→美しい」は主語・述語のような関係ですが、この文の主語・述語そのものではありません。（詳しくは「文の組み立て特訓主語・述語専科」をご参照下さい。「国語読解の特訓シリーズ二十九」「文の組み立て特訓主語・述語専科」をご参照下さい。）

これらの例題からわかるように、**修飾される語（被修飾語）は、修飾する語（修飾語）より必ず下にあります。**（倒置法を除く。）

M.access －24－ 修飾・被修飾専科

問題三、1～8

問題三、次の**太字**の言葉が修飾(くわしく説明)している言葉を、書き抜いて答えなさい。

1、**今日は** 私は 久しぶりに 河原に 散歩に 行こう。

2、今日は **私は** 久しぶりに 河原に 散歩に 行こう。

3、今日は 私は **久しぶりに** 河原に 散歩に 行こう。

4、今日は 私は 久しぶりに **河原に** 散歩に 行こう。

5、今日は 私は 久しぶりに 河原に **散歩に** 行こう。

6、**今日も** 母は 台所で 野菜を きざんでいる。

7、今日も **母は** 台所で 野菜を きざんでいる。

8、今日も 母は **台所で** 野菜を きざんでいる。

問題三、9〜17

9、今日も 母は 台所で **野菜を** きざんでいる。

10、**海岸では** 花火が 夏の 夜空に 美しく 咲いている。

11、海岸では **花火が** 夏の 夜空に 美しく 咲いている。

12、海岸では 花火が **夏の** 夜空に 美しく 咲いている。

13、海岸では 花火が 夏の **夜空に** 美しく 咲いている。

14、海岸では 花火が 夏の 夜空に **美しく** 咲いている。

15、**私は** 八時の 特急で 京都駅を 出発する。

16、私は **八時の** 特急で 京都駅を 出発する。

17、私は 八時の **特急で** 京都駅を 出発する。

問題三、18〜26

18、私は 八時の 特急で **京都駅を** 出発する。

19、**君の** 教室には もう だれも いなかった。

20、君の **教室には** もう だれも いなかった。

21、君の 教室には **もう** だれも いなかった。

22、君の 教室には もう **だれも** いなかった。

23、**私は** きのう 姉と 街へ 買い物に 出かけた。

24、私は **きのう** 姉と 街へ 買い物に 出かけた。

25、私は きのう **姉と** 街へ 買い物に 出かけた。

26、私は きのう 姉と **街へ** 買い物に 出かけた。

問題三、27〜35

27、私は きのう 姉と 街へ **買い物に** 出かけた。

28、**古い** お寺や 神社が 京都には たくさん 多い。

29、古い **お寺や** 神社が 京都には たくさん 多い。

30、古い お寺や **神社が** 京都には たくさん 多い。

31、古い お寺や 神社が **京都には** たくさん 多い。

32、古い お寺や 神社が 京都には **たくさん** 多い。

33、**彼女の** 深い 悲しみは 簡単には いえなかった。

34、彼女の **深い** 悲しみは 簡単には いえなかった。

35、彼女の 深い **悲しみは** 簡単には いえなかった。

被修飾語2　例題六　　　　　　　　　　　　　年　月　日

例題六、次の**大字**の言葉が修飾（くわしく説明）している言葉を、書き抜いて答えなさい。ない場合は×を書きなさい。

1、ぼくは　富士山に　**登る**。

この修飾関係を図に表すと、次のようになります。

「登る」の下に、言葉は何もありません。つまり「登る」が何か他の言葉を修飾しているということはないということです。したがって、答は「×」です。

2、**こんにちは**、ご家族は　お元気ですか。

あいさつの言葉、呼びかけの言葉、返事、ため息、叫び声などは、「独立語」と言って、どの言葉からも修飾されず、どの言葉をも修飾しません。

こんにちは　＝　ご家族は　→　お元気ですか

「こんにちは」は、独立語ですので、どの言葉をも修飾しません。ですから、答は「×」です。

M.access　　　　　　　　　－29－　　　　　　修飾・被修飾専科

問題四、1〜8

問題四、次の**太字**の言葉が修飾(くわしく説明)している言葉を、書き抜いて答えなさい。ない場合は×を書きなさい。

1、**はげしい** 雨が ザーザーと ふっている。

2、はげしい **雨が** ザーザーと ふっている。

3、はげしい 雨が **ザーザーと** ふっている。

4、はげしい 雨が ザーザーと **ふっている**。

5、**今度の** 日曜は 父と いっしょに 釣りに 行く。

6、今度の **日曜は** 父と いっしょに 釣りに 行く。

7、今度の 日曜は **父と** いっしょに 釣りに 行く。

8、今度の 日曜は 父と **いっしょに** 釣りに 行く。

問題四、9〜17

9、今度の 日曜は 父と いっしょに **釣りに** 行く。

10、今度の 日曜は 父と いっしょに 釣りに **行く**。

11、**太郎君**、君は どこに 住んでいるの。

12、太郎君、**君は** どこに 住んでいるの。

13、太郎君、君は **どこに** 住んでいるの。

14、太郎君、君は どこに **住んでいるの**。

15、**おはよう**、花子さん。

16、おはよう、**花子さん**。

17、**わあっ**、びっくりしたなあ もう。

問題四、18〜26

18、わあっ、**びっくりしたなあ** もう。

19、わあっ、びっくりしたなあ **もう**。

20、**君**、ハンカチを 落としましたよ。

21、君、**ハンカチを** 落としましたよ。

22、君、ハンカチを **落としましたよ**。

23、**君は** 道で ハンカチを 落としました。

24、君は **道で** ハンカチを 落としました。

25、君は 道で **ハンカチを** 落としました。

26、君は 道で ハンカチを **落としました**。

テスト15　　　　　　　　　　　年　月　日

テスト15　次の**太字**の言葉が修飾（くわしく説明）している言葉を、書き抜いて答えなさい。ない場合は×を書きなさい。
（各10点）

　　　　　　　　　　　　　　　　　　　点（合格80点）

1、あしたは **みんなで** 映画に 行こう。

2、あしたは みんなで **映画に** 行こう。

3、**すぐに** 白い 鳥の 姿が 見えなくなった。

4、すぐに 白い **鳥の** 姿が 見えなくなった。

5、すぐに **白い** 鳥の 姿が 見えなくなった。

M.access　　　　　修飾・被修飾専科

テスト2、6～10

6、**おはよう** クラスの みなさん。

7、おはよう **クラスの** みなさん。

8、**ごめんください**、ご主人は 今 おすきですか。

9、ごめんください、ご主人は **今** おすきですか。

10、やっと あなたの お母さんに お会いできて **私は** たいへん しあわせでした。

呼応 例題七

◆呼応

例題七 次の二つの文のうち、正しいものを選んで、記号で答えなさい。

　ア、君の行いは、決して許されないだろう。
　イ、君の行いは、決して許されるだろう。

　おそらく、すぐにわかったでしょう。答は「ア」ですね。「ア」は正しい文ですが、「イ」はまちがった文です。

　さて、「イ」のどこがおかしいのでしょう。ここでは、「決して」という言葉に注目します。

　もし「決して」という言葉がなければ、どちらも正しい文になります。

　ア、君の行いは、許されないだろう。　　○
　イ、君の行いは、許されるだろう。　　　○

　ところが、「決して」という言葉を入れると、「イ」の文はおかしな文になってしまいます。

　ア、君の行いは、**決して**許されないだろう。　○
　イ、君の行いは、**決して**許されるだろう。　　×

であるから、ここでは「決して」という言葉に注目する必要があることがわかります。

　「決して」の後には、必ず「…ない」「…まい」「…ません」など、否定の意味を表す語が来なければなりません。

　このように、ある言葉が来た後に、必ずある種類の言葉が来なければならない、という文の仕組みのことを「呼応（こおう）」といいます。「決して」と「…ない」は呼応している、

例題七　　　　　　　　　　　　年　月　日

と表現します。

　文「イ」の文は「決して」に呼応する言葉がないから、おかしな文になっているのです。

　この他に、呼応する言葉には、次のようなものがあります。

まるで	→ …のよう、…みたいな
あたかも	→ …のよう、…みたい
もし	→ …ならば、…ても
たとえ	→ …ならば、…ても
もしかしたら	→ …だろう
万が一	→ …かもしれない
どうせ	→ …まま
よもや	→ …まい
もう	→ …ままでも、…ても
ぜひ	→ …ほしい、…下さい
どうぞ	→ …下さい
どうか	→ …下さい
まさか	→ …まいだろう
次から	→ …にちがいない
少しも	→ …ない
全く	→ …ない
全然	→ …ない

問題五、次のまちがった各文を、太字の言葉に呼応(こおう)するように、まちがいの部分に線を引いて、横に書き直しなさい。

例、君の 行いは、**決して** 許される<u>だろう</u>。 許されないだろう

1、**どうやら** おとうとは おねしょを してください。

2、**とても** ぼくには そんことは できる。

3、**どうして** あなたは そんなことを しますね。

4、天気予報が **必ずしも** 当るはずだ。

5、**たとえ** 雨が 降ったら、遊びに 出かける。

6、**なぜ** 人は 他の 生き物を 殺します。

7、明日 私の 家に **ぜひ** 来られますか。

問題五、8～14

8、**まさか** そんな 恐ろしい 事は ある。

9、君の ほっぺは **まるで** りんごかもしれない。

10、**もし** 明日 晴れるから 山登りに 出かけます。

11、花子は **おそらく** 学校を 休みました。

12、太郎は **きっと** マラソンで 一位だった。

13、**どうぞ** 後で 職員室に 来なさい。

14、私は 昨日は ずっと 家に いました。**なぜなら** 昨日は 一日中 雨でした。

問題五、15〜20

15、この 汚れた 湖には 生き物は **全く** います。

16、**たぶん** 火星には 生き物は いないはずだ。

17、一度 注意されたからには **よもや** そんな事は しないだろうか。

18、弟は **少しも** じっと している。

19、たかしくんの 計算の 速さは、**あたかも** コンピュータかも知れない。

20、**万一** 洪水が 起きるから、ていぼうが 高いので だいじょうぶです。

テスト三 1～5　　　　　　　　　　年　月　日

テスト三　次のまちがった各文を、太字の言葉に呼応（こおう）するように、まちがいの部分に線を引いて、横に書き直しなさい。（各10点）

□点（合格80点）

1、**どうして**　君は　そんなことを　しましょう。

2、**まさか**　空を　飛ぶことは　できる。

3、明日は　**もっと**　晴れるだろうか。

4、妹は　楽しそうに　笑っています。**なぜなら**　友だちと　遊びに　出かける　約束を　しましたか。

5、**どうやら**　次郎君は　テストで　0点を　とりましたか。

テスト三、6〜10

6、**なぜ** ぼくは 熱心に 勉強しなかった。

7、**どうか** 私を 助けなさい。

8、**万一** 地震が 起こったら、この ビルは 安全だ。

9、ゆりこさんの 美しさは **あたかも** 花だろうか。

10、**かりに** 君が 正しいから、人に めいわくを かけたのは 事実だ。

解答 9〜17ページ　　　　　　年　月　日

解答 （句読点や「。」は書いてあっても書いてなくても良い）

9ページ 問題
1、父の　2、とても　3、大きな　4、真っ赤な　5、小さな　6、楽しい　7、冷たい　8、強い

10ページ 問題
9、日本で　10、一番（「一番」は「大きな」にかかる）　11、わがままな　12、「一番」はここでは副詞なので、「日本で」は「一番」にかからず「大きな」にかかる　13、かんぼうの　14、そちらの白い　15、町子　16、住む　17、冷たく

11ページ 問題
18、山にも　19、たくさんの　20、早足で　21、友だちが　22、そんなに　23、忘れていた　24、言いたい　25、君の　26、野には

12ページ 問題
27、小さく　28、赤く　29、花が　30、一輪　31、咲いていた　32、丘から　33、話の　34、映画を　35、パラっと　私は　決して

13ページ 問題
36、私の　37、全く　38、焼いた　39、パンが　40、疲れた　41、町どおりが　42、見える　43、この旅で　全然長

15ページ 問題
1、×　2、私は第十期の静かな　3、×　4、全ての時間が　私のさわやかな　5、×　6、この　7、×　8、

16ページ 問題
9、×　10、初めて　11、大切なのは　12、×　13、×　14、×　15、次の　16、×　17、は　夏にとっては　海で　まんにこ

17ページ 問題
18、少年が　公園で　熱心に　サッカーを　19、×　20、×　21、×

解答 17〜28ページ　　　　年　月　日

17ページ（続き）
22、×　23、見た　24、初めての　25、太平洋は とても　26、船旅で

18ページ 問題二
27、赤ちゃんの　28、×　29、ぼくの成長は　30、×　31、×
32、×　33、とても　34、×　35、友だちは　一番

19ページ 問題二
36、蝶が 花に　37、美しい　38、大きな 羽の　39、×　40、すみれの
41、×　42、まん丸の　43、×

20ページ テスト一
1、村の 古い 小さな　2、家の　3、×　4、×　5、神社は 上に

21ページ テスト一
6、×　大は　7、おやつを　8、私の
9、×　10、やっと とれそうに しっぽを

25ページ 問題三
1、行こう　2、行こう　3、行こう　4、行こう　5、行こう
6、もぞもぞんでいる　7、もぞもぞんでいる　8、もぞもぞんでいる

26ページ 問題三
9、咲いている　10、咲いている　11、咲いている　12、夜空に
13、出発する　14、咲いている　15、出発する　16、特急で
17、出発する

27ページ 問題三
18、出かけた　19、教室に　20、いなかは　21、出かけた
22、出かけた　23、出かけた　24、出かけた　25、出かけた
26、いなかった

28ページ 問題三
27、出かけた　28、悲しいお寺や　29、神社は　30、多いえ
31、多い　32、多かった　33、悲しみは　34、悲しみは
35、多い

修飾・被修飾専科

解答 30〜37ページ　　　　年　月　日

30ページ
問題四
6、1、雨が　行く　7、2、ふっている　ように　8、3、ふっている　行く　4、×　5、日曜は

31ページ
問題四
14、9、行く　15、10、×　16、11、×　17、12、×　住んでいる　13、住んでいる

32ページ
問題四
23、18、×　落としました　19、×　24、20、×　落としました　21、落としました　25、落としました　22、×　26、×

33ページ
テスト二
1、行こう　2、行こう　3、見えなくなった　4、姿が　5、鳥の

34ページ
テスト二
6、×　7、みなさん　8、×　9、おもすもか　10、幸せでした

37ページ
問題五（解答例です）

1、どうやら　おとうとは　おねしまを　して<u>いたようです／ようだ</u>。

2、とても　ぼくに　そんなことは　<u>できない／できません</u>。

3、どうして　あなたは　そんなことを　<u>するのですか／するのか</u>。

4、天気予報が　**必ずしも**　<u>当るとはかぎらない／…かぎりません</u>。

5、**たとえ**　雨が　<u>降っても／降ったとしても</u>、遊びに　出かける。

6、**なぜ**　人は　他の　生き物を　<u>殺すのでしょうか／殺すのか</u>。

7、明日　私の　家に　**ぜひ**　<u>来て下さい</u>。

解答 38〜39ページ　　　年　月　日

38ページ

問題五、（解答例です）

8、**まさか** そんな 恐ろしい 事は <u>あるまい</u>。
あるまい

9、君の ほっぺは **まるで** <u>りんごのようだ／…ようです</u>
りんごかもしれない。

10、**もし** 明日 <u>晴れたなら／晴れるなら</u> 山登りに 出かけます。
晴れるから

11、花子は **おそらく** 学校を <u>休むでしょう／…だろう</u>
休みました。

12、太郎は **きっと** マラソンで <u>一位だったにちがいない／…ちがいありません</u>
一位だった。

13、**どうぞ** 後で 職員室に <u>来て下さい</u>
来なさい。

14、私は 昨日は ずっと 家に いました。**なぜなら**
昨日は 一日中 <u>雨だったからです／…だったからだ</u>
雨でした。

39ページ

問題五、（解答例です）

15、この 汚れた 湖には 生き物は **全く** <u>いません／いない</u>
います。

16、**たぶん** 火星には 生き物は <u>いないだろう／…でしょう</u>
いないはずだ。

17、一度 注意されたからには **よもや** そんな事は <u>するまい</u>
しないだろうか。

18、弟は **少しも** じっと <u>していない／…いません</u>
している。

19、たかしくんの 計算の 速さは、**あたかも** <u>コンピュータのようだ／…ようです</u>
コンピュータかも知れない。

20、**万一** 洪水が <u>起きても／起きたとしても</u> でいほうが 高いので だいじょうぶです。

解答 40〜41ページ

40ページ

テスト三 (解答例です)

1、どうして 君は そんなことを <u>するのですか／したのですか</u> しましょう。

2、まさか 空を 飛ぶことは <u>できまい</u> できる。

3、明日は きっと <u>晴れるにちがいない／…ちがいありません</u> 晴れるだろうか。

4、妹は 楽しそうに 笑っています。<u>なぜなら</u> 友だちと 遊びに 出かける 約束を <u>したからです／…からだ</u> しましたか。

5、どうやら 次郎君は テストで 0点を <u>とったようです／…ようだ</u> とりましたか。

41ページ

テスト三 (解答例です)

6、なぜ ぼくは 熱心に <u>勉強しなかっただろう／…でしょう</u> 勉強しなかった。

7、どうか 私を <u>助けて下さい</u> 助けなさい。

8、万一 地震が <u>起こっても／起こったとしても</u> 起こったら、この ビルは 安全だ。

　　万一 地震が 起こったら、この ビルは <u>危険だ</u> 安全だ。

9、ゆりさんの 美しさは あたかも <u>花のようだ／花みたいだ</u> 花だろうか。

10、かりに 君が <u>正しいとしても</u> 正しいから、人に めいわくを かけたのは 事実だ。

● 認知工学の本 ●

「進学塾は、本当に子どもの力を伸ばしているのか」
三十年にわたる中高進学指導において、多くの子どもたちを楽しみながら超難関校に合格させてきた筆者が、進学塾に通わせることのメリット、デメリットを、進学塾の立場、親の立場を踏まえて、客観的に語る。

中学受験は自宅でできるⅣ
新・中学受験は自宅でできる
―学習塾とうまくつきあう法―
石川久雄・水島醉 共著
定価（本体八〇〇円＋税）

http://ninchi@sch.jp

M.access 学びの理念

☆学びたいという気持ちが大切です
　勉強を強制されていると感じているのではなく、心から学びたいと思っていることが、子どもを伸ばします。

☆意味を理解し納得する事が学びです
　たとえば、公式を丸暗記して当てはめて解くのは正しい姿勢ではありません。意味を理解し納得するまで考えることが本当の学習です。

☆学びには生きた経験が必要です
　家の手伝い、スポーツ、友人関係、近所付き合いや学校生活もしっかりできて「学び」の姿勢は育ちます。
　生きた経験を伴いながら、学びたいという心を持ち、意味を理解、納得する学習をすれば、負担を感じるほどの多くの問題をこなさずとも、子どもたちはそれぞれの目標を達成することができます。

発刊のことば

「生きてゆく」ということは、道のない道を歩いて行くようなものです。「答」のない問題を解くようなものです。今までも人はみんなそれぞれ道のない道を歩き、「答」のない問題を解いてきました。

子どもたちの未来にも、定まった「答」はありません。もちろん「解き方」や「公式」もありません。

私たちの後を継いで世界の明日を支えてゆく彼らにもっとも必要な、そして今、社会でもっとも求められている力は、この「解き方」も「公式」も「答」すらもない問題を解いてゆく力ではないでしょうか。

人間のはるかに及ばない、素晴らしい速さで計算を行うコンピューターでさえ、「解き方」のない問題を解く力はありません。特にこれからの人間に求められているのは「解き方」も「公式」も「答」もない問題を解いてゆく力であると、私たちは確信しています。

M.accessの教材が、これからの社会を支え、新しい世界を創造してゆく子どもたちの成長に、少しでも役立つことを願ってやみません。

国語読解の特訓シリーズ三十
文の組み立て特訓　修飾・被修飾専科　新装版　（内容は旧版と同じものです）

新装版　第一刷
編集者　M.access（エム・アクセス）
発行所　株式会社　認知工学
〒六〇四―八一五五　京都市中京区錦小路烏丸西入る占出山町三〇八
電話　（〇七五）二五六―七七三三　　email : ninchi@sch.jp
郵便振替　〇一〇八〇―九―一九三六二一　株式会社認知工学

ISBN978-4-86712-230-3　C-6381　　　N03090125A　　M

定価＝本体六〇〇円＋税